LA VIE DE

PUISSANTE ET TRÈS-HAUTE DAME

MADAME GUELINE

par Monsieur Frippesauce

FACÉTIE EN VERS FRANÇAIS

entremêlée de latin macaronique

Publiée d'après l'édition de Rouen, 1612

et précédée de

L'ESTAT D'UN BANQUET POUR UN AMOUREUX

petite Pièce inédite du XVIe siècle

avec Notices par

Ed. TRICOTEL.

PARIS

A. CLAUDIN, ÉDITEUR

3 et 5, rue Guénégaud.

—

M. D. CCC. LXXV.

ETTE singulière facétie porte pour titre : *La vie de puissante & très-haute dame Madame Gueline, reveue & augmentée de nouveau par Monsieur Frippesauce. A Rouen chez la vefve Jean Petit, dans la Cour du Palais,* 1612, petit in-8 de 16 pages, sous la signature A-Bij. Elle est imprimée en lettres rondes et citée dans le *Manuel du Libraire* au mot *Frippesauce* (voir la dernière édition, tom. II, colonne 1399). Mr Brunet ne paraît pas l'avoir connue, car il n'indique point le nombre de pages & estropie quelque peu le titre, en imprimant à tort *Guelinine* au lieu de *Gueline*. Voilà pour le côté bibliographique.

Venons maintenant à l'examen de ce livret presque introuvable, & voyons ce qu'est *la vie de Madame Gueline*. Disons tout d'abord que cette plaquette renferme deux parties, l'une en vers: la vie de la dame en question ; l'autre, en prose : *Mémoire pour faire un festin*.

I. — LA VIE DE MADAME GUELINE.

La vie de Madame Gueline est écrite en vers de 8 syllabes dont plusieurs sont faux ; quelques uns même ont été oubliés par l'inadvertance du compositeur. Des transpositions existent également. Ceci dénote le peu de soin avec lequel la publication a eu lieu, mais il ne faut pas s'en étonner. Tout ce qui paraissait en brochure d'une ou deux feuilles d'impression, à Rouen comme à Paris et surtout dans la capitale Normande ; tout ce qui était destiné au public de la rue : Poésies, facéties, *canards*, complaintes & chansons, s'imprimait au commencement du XVIIe siècle, on le sait de reste, sans correction et avec la plus grande négligence.

Ajoutons que cette pièce (dont il y a peut-être des éditions antérieures) est bigarrée d'un latin de cuisine qui eût fait honneur à Molière. Elle rappelle tout à fait les *Sermons*

joyeux du XVIe siècle, dont elle est comme
le prolongement & le dernier écho. Il serait
sans doute intéressant de comparer cette facétie à divers écrits analogues, par exemple
au *Sermon joyeux de la vie Saint Ongnon*,
au *Sermon joyeux de Saint Raisin*, à *La vie
Saint Harenc* (1), mais cela nous entraînerait
trop loin & prendrait d'ailleurs plus de place
qu'il ne nous en est accordé pour cette no-
tice.

Notre facétie commence par ces beaux vers
latins qui exposent clairement le sujet :

> *Quæritur utrum capones,*
> *Vel gallinæ meliores*
> *Sint in brocca quam in poto,*
> *Cum herbis, soupa & lardo...*

C'est à dire : *On demande si les chapons
ou les poules sont meilleurs à la broche, que
cuits au pot, avec herbes, soupe & lard.*

La question est grave. Frère Fritis, frère
Estouppe, frère Friand, frère Saffre sont cha-

---

(1) Voyez l'ouvrage de M. Anatole de Montaiglon : *Re-
cueil de poésies françaises des XVe & XVIe siècles. Paris, Jannet,* 1855-1865, 9 vol. in-16, t. 1, p. 304-209 ;
tom. II, pag. 112-117, et 325-332.

cun d'un avis différent, & font valoir des raisons pour et contre, sans que cela avance en
rien les choses.

L'auteur raconte ensuite la vie & les
malheurs de dame Gueline (qui n'est autre
que la POULE, du latin *Gallina*). Toute jeune,
elle manque d'être enlevée par une *escoufle* (1); sans la présence d'esprit de sa mère,
elle était perdue :

> Hélas ! si tost qu'elle fust née,
> Et que sa mère l'eust menée
> Parmy la cour cercher sa vie,
> Elle cuyda estre ravie
> D'une escoufle, fausse lourdière,
> Car s'elle n'eust trouvé manière,
> Ceste pauvre jeune pucelle,
> De se blotir sous la cotelle
> De sa mère, qui luy dit cloup,
> Elle estoit prinse, teste & tout.

Devenue grande, elle épouse *Sire Coquart*,
un ribaud, un débauché, qui passe tout son
temps à *cauquer* ses voisines, mais dame
Gueline était si bonne & si douce qu'une pa-
reille conduite n'excitait en rien sa jalousie.

_____

(1) Ce mot est aujourd'hui masculin.

Ici l'auteur s'adresse aux Dames de Rouen : Vous devriez suivre & imiter ce noble exemple, leur dit-il, sans vous soucier des infidélités de vos maris; c'est le seul moyen d'avoir la paix dans vos ménages. Cette recommandation du poète fut-elle bien accueillie des Rouennaises ? Il est permis d'en douter.

Les enfans naissent bientôt & occasionnent de nouveaux chagrins à dame Gueline. Il faut veiller sur eux, les empêcher de devenir la proie des écoufles, des renards, des martres, des chats sauvages & des putois. Malgré sa vigilance, & le soin qu'elle prend pour les garantir de tous dangers, bon nombre de ces jeunes *poulards* lui sont ravis & finissent leur existence sur la place du marché.

On le voit, dame Gueline n'était guère heureuse. Enfin un beau jour, la mort qui ne respecte rien, s'abattit sur la pauvre innocente. Malgré ses vertus, elle dut subir le sort commun à toutes les choses humaines. Assaillie dans son propre logis par une troupe de mauvais garnements qui la frappent à coups de bâtons & de poignards, elle fut

bientôt abattue, coupée, dépecée et mise dans
la poële. Mais laissons parler le poète, ou
plutôt le méchant rimeur de cette facétie ; ce
sera notre dernière citation :

> Incontinent elle fut prinse
> Et saisie de plus de quinze (1)
> Desmembrée fut à fine force :
> L'un la tire, l'autre l'escorche,
> Et puis après cette meslée
> Fut mise dans une poeslée....
>
> . . . . ,

Cette mort de dame Gueline & la manière
dont on la traite après son trépas (on la met
dans la casserole) prouvent & établissent
nettement qu'au commencement du XVIIe.
siècle, la poule bouillie était préférée à la poule
rôtie, grande vérité qui peut se traduire par
ce vers :

La Poule au pot vaut mieux que la poule rôtie.

II. — MÉMOIRE POUR FAIRE UN FESTIN.

Ce morceau est en prose & publié aussi

---

(1) L'imprimé porte : *Elle fut saisie de plus de quinze*

incorrectement que le précédent. Il y a des transpositions : le quatrième service vient après le cinquième par suite d'une erreur de mise en page, que nous n'avons pas cru utile de répéter. Mais qu'importe ? Les acheteurs du bon vieux temps s'en apercevaient-ils ? Cela ne les empêchait pas de rire à gorge déployée en lisant chacun des articles qui composent le *menu* de ce bizarre & singulier banquet.

De quoi s'agit-il donc ? — Il s'agit d'un festin qui doit avoir lieu, non pas à Rouen, comme on serait tenté de le croire, mais *dans la ville de Babilone*. Ce repas est divisé en cinq services : l'entrée, le rôti, les entremets, l'issue de table & les confitures sèches & liquides. On trouve là des mets qui n'ont jamais paru sur aucune table, & pour cause. Citons dans chaque service quelques uns des plats présentés aux heureux convives de ce mirifique festin. Rien n'est plus propre à donner une exacte idée des plaisanteries & des facéties qui charmaient le populaire au temps de Henri IV & de Louis XIII.

PREMIER SERVICE (*Entrées*).

Douze corbeaux au bouillon noir.

Douze faucons aux moyeux d'œufs (le milieu de
[l'œuf, jaunes d'œuf).

Douze pastez d'assiette de chair d'austruche.

Douze lionnes à l'estuvée.

Douze renards farcis.

Douze langues d'éléphant sallé.

Douze vieils singes à la sauce verte.

Douze dogues à la sauce douce.

Douze tourtes de langues de mouche.

Douze plats d'olives, de fiente de tromadaire (dro-
[madaire).)

Douze plats de capes (câpres?) de crotte de chèvre,
[&c., &c.

DEUXIÈME SERVICE. (*Rôts*).

Douze pastez de teste de coquodrille & de roignons
[de poux.

Douze lions bardez.

Douze tourtes de mouelle de cotton.

Douze cocqus (coucous) à l'hypocras.

Douze ours à la poyvrade.

Douze marsoins au court bouillon.

Douze chiche-face (1) au verjus de grain d'o-
[zeille.

---

(1) Voyez sur Chiche Face, monstre qui dévore les bon-
nes femmes, une très-curieuse note de M. de Montaiglon.
(*Recueil de Poésies françaises des XVe & XVIe siècles,*
t. II, p. 191-203].

Douze leopars à la dodine.
Douze taupes à la siboulette.
Douze pastez de chacun une balleine.
Quatre enclumes d'assier frittes au sein doux.
[&c., &c.

TROISIÈME SERVICE (*Entremets*).

Quatre grands plats de carde à la moelle de su-
[reau.
Quatre pastez de derrière de dauphin.
Quatre plats de champignons cueillis au fons de
[la mer.
Douze crapaus au resiné.
Quatre plats de roignon de sauvage à la sausse à
[Robert.
Quatre tourtes de cornes de limasson à la sausse
[chaude, &c., &c.

QUATRIÈME SERVICE (*Issues*).

Tartes d'Angleterre farcies de poux, puces & pu-
[naises.
Quatre gasteaux mollets de roche de Monmé-
[lien (1).
Quatre plats de vesses de loups.
Quatre plats de blanc manger d'œufs de fremis
[(fourmis).
Quatre gasteaux secs d'oreille de Serenne. &c.,&c.

---

(1) Allusion à la prise de Montmélian, ville de Savoie, en
1600. Ceci donne approximativement la date de la pièce,
qui a dû être écrite sous le règne de Henri IV.

CINQUIÈME SERVICE (*Confitures sèches & liquides*).

Douze boestes de hanetons licquidé (liquide).
Douze boestes de chenilles confites.
Douze boestes de sautereaux (sauterelles) licquidé.
Douze boestes seiches d'araignée, &c., &c. (1)

III.—ESTAT D'UN BANQUET POUR UN AMOUREUX.

A ce banquet fantastique & peu appétis-
sant, qu'il nous soit permis d'opposer comme
contraste (et ce sera par là que nous termi-
nerons cet article) un festin d'un genre tout
différent : celui d'un amoureux. La pièce est

---

(1) Quinze ans plus tard, en 1627 le *Mémoire pour
faire un festin* voyait de nouveau le jour, pour la plus
grande joie des amateurs de facéties. Le *menu* restait le
même, mais le langage avait subi quelques retouches et re-
vêtu une couleur plus *moderne*. On trouvera ce second
texte dans l'opuscule intitulée : *Plaisant contract de ma-
riage passé nouvellement à Aubervilliers, le 35 Février
mil trois cent trente trois, entre Nicolas Grand-Jean
et Guillemette Ventrue, ensuite le Festin dudict ma-
riage, apresté à la plaine de Long-Boyau le 3 Mars
ensuivant, avec l'inventaire des biens de feu Taupin
Ventru. A Paris, chez Nicolas Callemont, rue Quique-
tonne, MDCXXVII (1627), in-8. — Il existe du *Plaisant
contract* une réimpression dûe aux soins de M. Gratet-
Duplessis : elle a été tirée à 50 exemplaires, et forme un
in-16 de 8 feuillets non chiffrés (Chartres, imprimerie de
Garnier fils, 1833).

piquante & vraisemblablement *inédite :* elle présente un curieux mélange de termes d'amour et de termes de cuisine. Nous la reproduisons textuellement d'après un manuscrit du XVI° siècle qui nous a été récemment communiqué (Bibliothèque Nationale, MSS. 22563, 2ᵉ partie, feuillet 96). La voici :

ESTAT D'UN BANQUET POUR UN AMOUREUX.

Entrée de table.

Salade de faveurs.
Vinaigrette d'œillades.
Pastez de propos.
Salades de menues pensées.
Pastez de caresses.
Gambades en salade.
Gelée d'esperance & desespoir.
Pas perdus au lard.
Jouyssance à la saulce chaude.
Refus à la saulce d'enfer.
Cruaulté en civé.
Friquandeaux de nenny.
Trahison au rys.
Messes à la pourmenade.
Aigrettes en fumée.

Second service.

Contenance perdue.
Amans doubles au plat.
Damoiselles de mesme.
Allées & venues à couvert.
Petite querelle en hariquot.
Souspirs, regrets.
Fantasies en plusieurs sortes.
Mensonges en diverses façons.
Larmes à l'oignon.
Juremens en vain.
Pastez de vent à la saulce de chemise.
Plaisir entrelardé.
Souvenir en gelée.
Quartiers de lune tous cuis.
Changement à la saulce nouvelle.
Melancholie sauvage.
Frenaisie cornue.
Secret à descouvert.
Loyauté en hachis.

Entremets.

Jalousie à l'aiguesal.
Affections parbouillies (1).
Despit en paste.

---

(1) Le mot *parbouillies* se trouve dans le manuscrit écrit d'un seul mot ; peut-être vaudrait-il mieux le mettre en deux.

Passions à la carbonade.
Venaison à tout le poil.
Desespoir en cardes.
Bonne mine qui en pourra finer (2).
Ruses à couvert.
Mocqueries en veau.

Issue de table.

Approches au sucre.
Poires de fin or.
Assignations à la saulce chaude.
Requestes respondues.
Excuse par tout.
Raisons à néant.
Doubte en paste.
Pitié à l'eau rose.
Baisers à la desrobbée.
Contentement à la pouldre de duc à bastons.
Chaude nuict en paste.

Bon guet par tout de peur d'estre surpris.

---

(2) *Finer* doit vouloir dire ici : tromper, attraper.

LA VIE·DE

PVISSANTE ET

TRÈS-HAVTE DAME

MADAME GUELINE

Reveüe et augmentée de nouveau

Par Monſieur Frippeſauce.

A ROVEN

CHEZ LA VEFVE IEAN PETIT

dans la Cour du Palais.

LA VIE DE TRÈS-HAUTE

ET TRÈS PUISSANTE DAME

MADAME GUELINE.

UŒRITUR utrum capones,
Et Galinœ meliores
Sint in brocca quam in poto,
Cum herbis, soupá et lardo.
Nunc videbitis quomodo
Nostri doctores friandi,
Disputare pro soulardi,
Et semper in opinando
De Galina mixta lardo.

SEIGNEUR, les paroles predites,
Sont en quelque cuisine escrites
Dans une armoire bien avant,
Où fut trouvé Caresme-prenant (1).
Ubi suprà alegatis.
A sçavoir, si Chapons rostis,

------

(1) Le mot *Caresme-prenant* ne doit être compté que pour quatre syllabes, sans cela le vers serait faux.

Bien lardez, valent mieux à part
Qu'ils ne feroient cuits au bon lard,
Avec (1) des herbes en un pot.

Un vieil docteur, frère Phlippot,
En a fait une question,
Qui est de grand digestion,
Pour gens qui ont mal desjeuné.
Quand à moy, j'en ay opiné
Avec les docteurs tous ensemble.
Frère Fritis, comme il me semble,
De l'ordre des frères Disnans,
Estoit des premiers Imprimans.
[Homme d'un fort grand appétit] (2)
Il opina que le rosti
Avecques sauce cameline,
Fust de Chapon ou de Guéline,
Estoit beaucoup plus délicat
Que n'estoit le bouilly au lard :
Mais ceux de nostre monastère
Soustindrent fort bien le contraire,
En se fondant dessus la souppe.
Çà (3) disputons, dit maistre Estouppe,
Prieur Monsieur (4) frère Panchard :
Une Guéline cuitte au lard,
Avec du bœuf et du mouton,
Ainsi comme nous les bouton,

(1) Imprimé : *Avecques*.
(2) Vers passé et refait tel quel.
(3) Imprimé : *Car*.
4) Imprimé : *De Monsieur*.

Vaut ell' (1) pas mieux pour une gueule,
Que ne fait une poulle seule
Rostie au travers d'une broche?
Je sois maudit d'une brioche,
S'on ne se trouve plus sallé
Du bœuf avecques du sallé,
Voire de la quarte partie,
Qu'on ne faict de poulle rostie:
Qui plus est, l'on a d'avantage
Le lard avecques le potage;
Ergo le boully vaut trop mieux.
Tous les Docteurs en plusieurs lieux,
Les uns en veulent disputer,
Les autres en veulent douter.
Jà scachez (2) que frère Friand,
Frère Saffre nous sont (3) nuisant,
Allegant ceste authorité:
Gallina grossa rogate,
Embrocaverunt tornantis,
C'est à dire, que les Rostis
Vallent trop mieux que cuits (4) au Pot:
Le gros yvrongne en paye escot (5)
In codice de Friando,
Capitulo de Dinando.
En font une tres-forte doute,

---

(1) Imprimé : *Vaut elle.*
(2) Imprimé : *Scache.*
(3) Imprimé : *Soit*
(4) Imprimé : *Les cuits.*
(5) Imprimé : *Le gros yvrogne paya l'escot.*

Et soustiennent tous que la souppe
Où a cuit une poulle grasse,
Est de grande recommandasse,
Quand pour le fait de desjeuner
Frère Fritis veut repugner,
En soustenant tout le contraire.
Mais ce fut à luy à se taire,
Car tout en despit de son cœur
La souppe sera en vigueur :
Elle reconforte les yeux.
Il est escrit en plusieurs lieux,
Par petits Billets espartis,
Gallinæ grossam soupatis,
Et humare clereatis
Soularc gentes poulibus.
Or c'est assez, n'en parlons plus,
Et premier qu'entrer plus avant,
Disputons un peu maintenant
De la bonne Dame Gueline,
Et de sa vie précieuse et digne (1).

Hélas! si tost qu'elle fust née,
Et que sa mère l'eut menée
Parmy la Court cercher sa vie,
Elle cuyda estre ravie
D'une escoufle, fausse lourdière,

(1) Ce vers a deux syllabes de trop ; pour qu'il ne paraisse pas faux, comptez seulement pour quatre syllabes les deux mots : *Vie précieuse*, qui en ont six.

Car s'elle (1) n'eust trouvé manière,
Ceste pauvre jeune pucelle,
De se blottir sous la Cotelle
De sa mère, qui luy dist cloup,
Elle estoit prinse, teste et tout.

Pensez qu'elle fut esperduë,
Toute sa ligne (2) fut perduë.
Son frere Poulard le Crotté,
Ce mesme jour fut emporté
Par la Diablesse que j'ay dite,
Voire qui le gruppa si viste,
Qu'on ne sçeust jamais qu'il devint :
Finablement ils estoyent vingt,
Frères et sœurs tout d'une mère,
Qui moururent de mort amère,
Les uns du flux, de la Pepie (3),
Les autres cauquez d'une Pie.
De fluxu et de Pipia
Poulardi sunt trespassati,
Alii cauquati de pia,
Mortui sunt desolati.
Ils moururent tous desolez,
Sans estre de nuls consolez.

Or advint qu'une pauvre femme

---

(1) Imprimé : *Car si elle.*
(2) Pour : *lignée.*
(3) Imprimé : *Les uns du flux, autres de la pepie.*

Advisa ceste bonne Dame,
Qui n'avoit plus frère ny sœur.
Elle la mist sous son dresseur
Dans vne petite demeure
Faite de ronce [s] et de feurre,
Où ceste pauvre créature
Print peu à peu sa nourriture,
Et ne beuvoit vin ne cervoise,
Et se juchoit sur une boise
La nuict toute fine seullette.
Or advint qu'elle ainsi jeunette,
En sa fleur eut Siré Coquart,
Qui estoit un faux loriquart,
Un gallant, un roussin, un gueux,
Qui en fut si fort amoureux,
Et qui fit tant par ses efforts
Qu'il luy monta dessus le corps,
Tant que par deux jours [et] dix-neuf
Elle avoit chacun jour un œuf :
Et puis après son lict dressa.
Dessus ses œufs elle coucha (1)
Par l'espace de trois sepmaines,
Où elle endura tant de peines :
Elle avoit froid, soif, chaud et fain,
Et n'avoit qu'un petit de foin,
Et de feurre sous sa poictrine.
Voilà comme Dame Gueline
Fut son corps pauvrement nourry,

---

(1) Imprimé : *Se coucha.*

Et qui pis estoit, son mary,
De faux paillard maistre cauquard,
Se tenoit tousjours à l'escart
Pour parvenir à faire mines.
Il alloit cauquer ses voisines,
Et en entretenoit bien douze,
Et si jamais n'en fut jalouse,
Ny ne voulut l'injurier (1).
Pensez-vous qu'elle allast crier
Si effroyment (2) comme vous faites.
O Femme, je dis que vous n'estes
Si sage que Dame Gueline.
S'un homme fringoit sa voisine,
Et qu'il fut trouvé de sa femme,
Il seroit appellé infâme,
Meschant, maraut, coquin, putier,
Il n'oseroit plus se monstrer,
Mais faudroit qu'il courust bien viste,
Afin qu'il gaignast la guerite
En autre jurisdiction.

O femmes de détraction,
O miserable créature,
Voudriez-vous destourber nature,
S'elle estoit preste d'opérer,
Et vous [tant] ainsi ingérer
Comme femme demoniacle,
Pour destourber un beau miracle

(1) Imprimé : *Ny ne les voulut injurier.*
(2) Imprimé : *Effroyement.*

4

Si nature le vouloit faire?

Ah! vous estes [par] trop sévère.
Las! vous devriez faire plustost
Ce que Robin fist à Phlipot,
Et Perrine au bon Berteran (1).
Lesquelles n'eurent point d'ahan
De prier (2) par bonne manière
Qu'ils fringassent leur chambrière,
A celle fin d'avoir lignie (3).
Femme, vous ne le feriez mie,
Car pas n'ensuivez la doctrine
De la bonne Dame Gueline.

Quomodo pluctaverunt vermes miettibus,
Et tandum gustando parum ogibus (4).
Si tost qu'elle fut relevée,
Elle eut des enfans grand couvée,
Tant de masles que de femelles,
Et si n'avoit point de mamelles
A son sein pour les allaitter:
Mais bien souvent alloit gratter
Emmy la court à reculons,
Tant que parfois de ses talons

---

(1) Imprimé : *Bertran.*
(2) Imprimé : *De les prier.*
(3) Imprimé : *Lignée.*
(4) Nous donnons ces deux vers latins macaroniques tels qu'ils se lisent dans l'imprimé; mais nous avouons humblement n'en point comprendre le sens.

En abattoit plusieurs tous plats,
Et puis lorsqu'ils estoyent à bas (1),
Un homme les venoit tirer (2)
Les allant au marché porter (3)
Pour les y vendre au plus offrant:
Voilà pas vn martyr bien grand
A la bonne Dame Gueline,
De voir ainsi finer sa ligne?

S'il en demeuroit [d'aventure] (4),
Venoit l'ennemy de nature,
Ceste escouffle vestue de gris,
[Laquelle les ayant surpris,]
Leur nom estoit mort sur la terre.
Incessamment ils avoient guerre :
Quand ils se guettoyent du Renard,
Venoit un putois d'autre part,
Un chat sauvage ou une matre
Qui en emportoit trois ou quatre.
Pitus venit et vel Marta,
Quando guettare Renardis

---

(1) L'imprimé porte : *Et puis lors qu'ils estoyent bas.*
(2) Imprimé : *Et de tirer et de haller.*
(3) Imprimé : *Ses autres au marché porter.*
(4) Il y a ici dans le texte imprimé une transposition et une erreur de mise en page que nous avons corrigée. Au lieu de ce vers on lit :

> *Sed tempus est finiamus*
> *Omni modo* . . . .

. . . .

Fut mise dans une poeslée.

Catus sauvagis, Bellata,
Menare guerram poulardis.
Vous entendez bien que je dis,
Pourtant si je parle latin,
Encore un mot et puis la fin.

Quand ils se virent eschappez (1).
Du danger, devindrent nuppez,
Paillards, Ribaux, comme chouettes,
Voulurent cauquer leurs sœurettes
La mère n'en sçavoit chevir.
Mais Dieu les envoya punir,
Car ils furent bien departis :
Les uns cuits, les autres rostis,
Les autres par solemnitez
Mis deux à deux dans des pastez,
Pour être cuits dedans vn four,
Puis gros biberons à l'entour (2).

[*Sed tempus est finiamus*].
Omni (3) *modo veniamus*
Ad finem dictæ Gallinæ.
J'auray bien tost tout affiné,

---

(1) Imprimé : *Quand ses enfants se virent eschappez.*
(2) Nouvelle transposition. L'imprimé donne ensuite ces
vers :

    De beurre tou chaud et fondu

    . . . .

    Quand ont mangé, dont trop leur poise.
(3) Imprimé : *Omne.*

Je ne croy pas qu'il vous ennuye :
J'ai narré comme la lignie
De Dame Gueline mourut
Et la patience qu'elle eut (1).

Puis y eut un tas de méschans
Qui se ruerent sur les champs,
Venans au logis où la Dame
Estoit, qui ne pensoit à âme,
Ruans contre elle gros bastons,
Espées, poignards et viretons,
Tant que l'un d'eux la vint attaindre,
Et sans aucunement se feindre,
D'un grand villain coup de baston
Il la frappa par le menton.
Incontinent elle fut prinse,
Et saisie de plus de quinze,
Desmembrée fut à fine force (2) :
L'un la tire, l'autre l'escorche,
Et puis apres ceste meslée,
Fut mise dans une poeslée,
De beurre tout chaud et fondu (3),

(1) Imprimé : *Et de la patience qu'elle eut.*
(2) Sorte de gros ciseau.
(3) Nouvelle transposition. Au lieu de ce vers et des suivant l'imprimé porte :

S'il en demeuroit d'aventure
Venoit l'ennemy de nature

. . . .

. . . .

Puis gros biberons à l'entour

Là où son corps fut estondu
Cruellement par ces bourreaux,
Ces tyrans et ces pendereaux.

Voilà comment il en alla :
Incontinent l'âme volla
Au Royaume de Galinage,
Et en signe de grand outrage.
Car l'on a veu plusieurs juchez (1)
Qui avoient guelines grupɔz,
A une boise, d'un chevestre,
Comme un cheval qu'on meine paistre,
Et enterrez comme une Andoüille,
[Que de moutarde l'on barbouille] (2)
Ils sont juchez sus une boise,
Qu'en ont mangé, dont trop leur poise.

Icy fine la vie de la vertueuse Gueline
[qui a vaillamment enduré la mort.

---

(1) On lit dans l'imprimé *Huchez*, ce qui nous paraît une faute.
(2) Vers passé et refait.

MEMOIRE POUR

FAIRE UN FESTIN.

Premièrement.

Douze Corbeaux au boüillon noir.
Douze Corneilles emmantellées au
[boüillon blanc.
Douze Faucons aux moyeux d'œufs·
Douze Tourtes d'herbe du degisto.
Douze plats de Sanglier, garnis de fueille de houx.
Douze pastez d'assiette de chair d'Austruche.
Douze Lionnes à l'estuvée.
Douze Jumens au sçavouret.
Douze Renards farcis.
Douze langues d'Eléphant sallé.
Douze quartauts de Moustarde.
Douze plats de Ganmichon de fromage de laict de
[ciron.
Douze mellons cueillis au fonds de la mer.
Douze sallades de Rouffé, de fueilles de houx et
[de langue de chien mort.
Douze vieils singes à la sauce verte.
Douze dogues à la sauce douce.

Douze tourtes de roignon de buffle.

Douze loups serains en capilotade.

Douze tourtes de corne de lièvre.

Douze saucissons de corne de limasson.

Douze tourtes de langue de mouche.

Douze plats de boudin blanc, de laict de ballaine.

Douze escureaux aux poix verts.

Douze herons fris au beurre de candit.

Douze plats d'olives de fiente de tromadaire.

Douze pastez d'oreilles de singe.

Douze plats de capes (1) de crotte de chèvre.

Douze tourtes de ris de taüpe.

Quatre douzaines de roitelets à la sauce d'hipocras.

Quatre pastez d'Elephant à la sauce d'Angleterre

Pour le roty, second service.

ouze asnes au verjus de grain.

Douze pastez de teste de coquodrille
[et de roignons de poux.

Douze pastez d'Aigle au beurre de
[caillou et de lart de seiche.

Douze lions bardez.

Douze tourtes de moüelle de cotton.

Douze dogues d'Angleterre aux œufs de puce de
[sallemande.

Douze cocqus à l'ypocras.

Douze tromadaires en panneaux.

_____

(1) Sans doute pour *câpres.*

Douze pastez de queuë de grenoüille.

Douze Elephans à la poudre blanche.

Douze Ours rostis, et revestus de leur peau servis
[sur la table.

Douze Jumens chaudes du degisto.

Douze Ballaines en signaux.

Douze Ours à la poyvrade.

Douze pastez d'Austruche à la sauce chaude.

Douze genestres au jus de l'autre.

Douze cartos (1) à la saulce d'Allemagne.

Douze Cerfs entiers au jus d'amande douce.

Douze pastez de Matre Sublimé aux tripes de
[moruë,

Douze Moutons de Barbarie à la lamproye.

Douze Marsoins au court boüillon.

Douze Bigouques à la persillade.

Douze Chiche-face au verjus de grain d'ozeille.

Douze vieils Loups à la truotte.

Douze Coquodrilles au pignollat.

Douze Léopars à la dodine.

Douze Taupes à la siboulette.

Quatre pastez de Salemande sans os.

Douze Louveteaux en gellinotte.

Douze pastez de chacun vne balleine.

Douze Bihoureaux marins.

Douze Licornes au chaudumé.

Douze Pellicans au beurre de cotton.

Quatre enclumes d'assier frittes au sein doux.

Quatre scivettes pour chier le musc sur les as-
[siettes.

(1) Faut-il lire *Castors?*

Entremets, troisiesme service.

PREMIÈREMENT.

UATRE grands plats de Carde à la
[moelle de Sureau.
Quatre pastez de derrière de Dau-
[phin.
Quatre plats de pied d'Aigle grifon-
[nez, & Lions pour donner appétit de boire.
Douze crousres de Sautereau.
Quatre tourtes de queuë de Grenoüille.
Quatre pastez de quatre derrières de Sagittaire.
[en paste bise.
Les quarts de gans pour quatre Seraines, servis
aux sausses douces, avec belles serviettes blan-
[ches.
Quatre plats de champignons, cueillis au fons de
[la Mer.
Douze Crapaus au resiné.
Douze tourtes à l'aigescel.
Quatre plats de Roignon de sauvage à la sausse à
[Robert.
Quatre tourtes de beatilles de barbe de Roignon
[de chasse.
Quatre tourtes de corne de Limasson à la sausse
[chaude.
Douze tourtes de cornes de Limasson.

Issues, quatriesme service (1).

PREMIÈREMENT

TARTES (2) d'Angleterre, farcis de
[poux, puces et punaises.
Quatre gasteaux mollets de roche de
[Monmelien.
Quatre tourtes de roignons de cirons
[& de morpions.
Quatre plats de vesses de loups.
Quatre plats de blanc manger d'œufs de fremis.
Quatre gasteaux secs d'oreille de Serenne.
Sept pastez de sept testes de Serberus, le Chien (3)
[d'enfer, fort espicé pour donner appetit de
[boire.
Douze plats de Macarron, de coste de Baleine.
Douze gasteaux verollez de la plus fine.
Douze plats de biscuits d'œufs de fremis.
Douze tartes blanches liquidé.
Une cruche pleine de larmes de Gargantua dressé.

---

(1) Par suite d'une erreur de mise en page, le *cinquième service* se trouve dans l'imprimé immédiatement après le troisième. Nous avons corrigé cette faute du compositeur et rétabli l'ordre *primitif* et véritable du festin.

(2) Imprimé : *Tartres.*

(3) Imprimé : *De chien.*

Cinquiesme service, confitures seches et liquidé.

Douze boëstes de foynes confis.
Douze boëstes de Hanetons licquidé.
Douze boëstes de chenilles confites.
Douze boëstes de roignons de scirons [sec.
Douze boëstes de roignons de morpions licquidé.
Douze boëstes de mouches cantalliques seiches.
Douze boëstes de sautereaux licquidé.
Douze boëstes seiches d'araignée.
Douze boëstes seiches de mouches et bibets.
Douze boëstes licquidé de foillemarde.
Quatre plats de dents d'Elephant, pour servir à curer les dents et la poësle où chie le Grand Seigneur, pour luy faire resjouir le cœur.

Tout ce susdit service se doit livrer dans la ville de Babilone.

ARKAS
Typ. Schoutheer
M. D. CCC. LXXV.

www.ingramcontent.com/pod-product-compliance
Lightning Source LLC
Chambersburg PA
CBHW060755280326
41934CB00010B/2490